SEMAINES SOCIALES DE FRANCE, XXI⁰ SESSION — BESANÇON, D\[U] \[J]UILLET AU 3 A\[OÛT]

SUJET DE LA SEMAINE

Les Nouvelles Conditions de la Vie Industrielle

PROGRAMME DÉFINITIF

SECRÉTARIAT PERMANENT
CHRONIQUE SOCIALE DE FRANCE, 16, RUE DU PLAT
LYON

Paris, le 1er Juin 1929.

M.

Nous avons l'honneur de vous inviter à prendre part à la XXIᵉ Session des *Semaines Sociales de France* qui se tiendra à **Besançon,** du 29 juillet au 3 août prochain, sous la haute présidence de S. E. le Cardinal BINET, archevêque de Besançon.

Les travaux de cette Session seront consacrés à l'étude des **Nouvelles Conditions de la Vie Industrielle.**

L'intérêt de cette étude ne vous échappera pas. Il s'agit de savoir comment le développement des méthodes d'organisation scientifique du travail, connues sous le nom de « Rationalisation », pourra concourir au progrès moral et social en même temps qu'au progrès matériel des sociétés.

Vous trouverez dans les pages qui suivent le programme général des Cours, Conférences et Leçons documentaires qui rempliront la Semaine Sociale de Besançon.

Nous serons heureux, M   , si vous voulez bien vous associer à nos travaux, et nous vous prions de bien vouloir agréer l'expression de nos sentiments dévoués.

EUGÈNE **DUTHOIT,**
Président de la Commission Générale,

A. BOISSARD, M. GONIN.
Secrétaires Généraux.

NOTICE

La Semaine Sociale de Besançon gardera le caractère et l'esprit des précédentes *Semaines*, tels que les ont exposés les Déclarations du Président de la Commission générale. Elle se maintiendra, en conséquence, à l'écart des partis, sur le large terrain du désintéressement social et du loyalisme civique.

La pensée directrice des fondateurs des Semaines Sociales tient en quelques mots :

« Catholiques convaincus et fidèles, nous voulons montrer que notre religion fournit le fondement, l'esprit directeur et les lignes essentielles de la sociologie véritable, et que seule une sociologie procédant d'elle peut pleinement répondre aux exigences de l'ordre social.

« D'où le double caractère de la méthode adoptée : le premier qui consiste à approfondir, sous le contrôle de l'Eglise, les enseignements sociaux catholiques, afin de garder toujours plus vive la conviction de l'effort à exercer et plus complète l'intelligence des principes à invoquer ; le second qui nous porte à étudier les faits actuels, matière des réformes de l'avenir, afin d'aboutir à une organisation à la fois plus conforme aux principes catholiques et plus favorable au bien commun. »

L'enseignement des Semaines Sociales est donc doctrinal, scientifique et pratique. Il est donné sous forme de cours par des professeurs spécialistes. Il ne comporte aucune séance de discussion et ne donne pas lieu à des vœux comme dans les congrès. Seules, les leçons documentaires sont suivies d'échange de vues. (On est prié de ne pas applaudir.) En dehors des séances, les professeurs se prêtent aux questions posées par les auditeurs.

RÈGLEMENT

Pendant la durée des cours, aucune réunion ne peut être organisée dans les locaux de la Semaine Sociale.

La vente et la criée des journaux sont interdites à l'intérieur de l'immeuble.

Un panneau spécial sera réservé à l'affichage des notes quotidiennes ou avis particuliers. On est prié de ne rien afficher en dehors de cet emplacement.

La distribution des notices et imprimés sur les œuvres est exclusivement assurée par la Librairie.

On est prié de ne pas stationner ou parler à haute voix auprès de la salle des séances.

AVIS ET RENSEIGNEMENTS

SECRETARIAT PERMANENT. — Le Secrétariat permanent recevra jusqu'au 7 juillet les demandes de renseignements, adhésions, souscriptions et mandats, qui devront être adressés à M. Cl. Court, 16, rue du Plat, Lyon ; à partir de cette date à M. Cl. Court, Secrétariat Social, 9, rue Moncey, Besançon.

SECRETARIAT REGIONAL. — Le Secrétariat régional est établi au Secrétariat Social de Franche-Comté, 9, rue Moncey, Besançon. Téléph.: 6.57.

ADHESIONS. — L'inscription comme auditeur, pour toute la durée de la Semaine, comporte le versement d'une cotisation de 20 francs, donnant droit à une carte d'entrée permanente. Remplir la feuille d'adhésion incluse qui renseignera le Secrétariat sur les désirs des auditeurs concernant le voyage et le logement. Les cartes ne sont pas délivrées avant réception du payement. Elles sont envoyées à partir du 5 juillet. Ne pas attendre les derniers jours pour se faire inscrire.

VOYAGE. — Les grands réseaux de chemins de fer accordent aux auditeurs la prolongation de la validité du billet aller et retour, du 26 juillet au 9 août inclus, sous réserve d'un parcours simple d'au moins 50 kilomètres. Pour avoir droit à cette prolongation, les auditeurs devront être munis d'une lettre qui leur sera envoyée par le Secrétariat de la *Semaine Sociale*, et qu'ils auront soin de faire viser par leur gare de départ, par le Secrétariat de la *Semaine Sociale*, à Besançon, et par la gare de Besançon, au moment du retour.

Les Compagnies de Chemins de fer imposant la formalité d'un visa général, les demandes de prolongation ne seront pas admises après le 7 juillet.

Il est toujours possible, pour les auditeurs appartenant à des Universités, à des Collèges ou à des Sociétés d'Education populaire autorisées de constituer des groupes bénéficiant des réductions établies par le Tarif spécial G. V. n° 108. Demander renseignements à ce sujet au Secrétariat permanent.

LOGEMENTS. — Trois catégories de logements sont à la disposition des auditeurs :

1° **Hôtels.** — Une liste d'hôtels recommandés a été dressée par les soins de la Commission locale. Chambres depuis 12 fr. la nuit. Retenir sa place d'avance est indispensable, le nombre des chambres en cette saison étant limité. Ecrire au plus tôt à l'hôtel, en se guidant d'après la liste imprimée page 19.

2° **Logement chez l'habitant.** — Un grand nombre de chambres dans les familles bizontines seront disponibles. Prix : de 6 à 14 francs. Ces chambres sont attribuées par la Commission locale d'après les indications fournies par les auditeurs sur leur feuille d'adhésion. Un avis expédié dans les derniers jours indique aux auditeurs le nom et l'adresse de la famille qui les recevra et qu'ils devront aviser de leurs jour et heure d'arrivée.

3° **Logement dans les Institutions religieuses.** — Les Séminaires et Collèges de la ville offrent aux groupes de jeunes gens, aux séminaristes et aux prêtres des logements en dortoirs séparés. Prix pour la nuit : 4 francs. Les Pensionnats et Institutions de jeunes filles recevront les dames et demoiselles dans des chambres ou dortoirs. Prix : 20 fr. pour toute la Semaine. Retenir sa place en envoyant son adhésion au Secrétariat.

L'inscription pour les logements dans ces deux dernières catégories doit être prise pour trois nuits au moins.

REPAS. — Chaque jour, à midi, un repas servi dans l'Institution Saint-Jean (square archéologique) réunira les auditeurs, invités et professeurs. Un dîner sera également organisé dans le même local, pour le soir, à 19 heures. Le prix du déjeuner de midi sera de 12 francs, et celui du soir de 10 francs (vin compris). On doit retirer tous les jours, avant 19 heures, la carte pour le repas du lendemain à midi, et avant midi celle du repas du soir à 19 heures. Pour le premier repas du lundi, retenir sa place et payer le montant en envoyant son adhésion.

On pourra prendre les petits déjeuners dans les établissements avoisinant la salle des réunions.

SALLE DE REUNIONS. — Tous les cours de la matinée et de l'après-midi, ainsi que les grandes conférences des mardi, vendredi et samedi, auront lieu au Kursaal, promenade Granvelle.

On trouvera dans les locaux attenants tous les services de la Semaine Sociale : *Secrétariat, Vestiaire, Salle de correspondance, Librairie documentaire, Service de Presse, Buffet.* Les locaux des leçons documentaires seront indiqués sur le programme définitif envoyé aux adhérents.

MESSE QUOTIDIENNE ET CEREMONIES RELIGIEUSES. — Tous les jours, à 8 heures, une messe sera célébrée dans l'église Notre-Dame, près du local des réunions. Les cérémonies religieuses des lundi et jeudi soir auront lieu dans l'église métropolitaine de Saint-Jean. Celle réservée aux dames, le jeudi soir, aura lieu à l'église Sainte-Madeleine.

SERVICE DE PRESSE. — Dans le but de faciliter le travail des représentants de la Presse, un bureau spécial sera installé au Kursaal. MM. les journalistes français et étrangers sont invités à s'y faire inscrire dès leur arrivée.

VISITES ARCHEOLOGIQUES ET SOCIALES. — Tous les jours, à 13 h. 45, des Visites aux principaux monuments historiques, aux œuvres sociales et aux industries de Besançon, seront organisées par les soins de la Commission locale.

CARTES DE JOURNEES. — Des cartes valables pour tous les Cours et Conférences de la journée seront délivrées à l'entrée, au prix de 5 francs.

PLAN ET GUIDE DE BESANÇON. — Un Plan et Guide illustré contenant une notice sur la ville et ses monuments, avec la liste des rues, est édité. On peut se le procurer en se faisant inscrire. Prix : 1 fr. 50.

SOUSCRIPTION. — Le droit d'inscription payé par les auditeurs étant loin de couvrir les frais de la Semaine Sociale, un appel est adressé aux amis des Semaines en faveur de la souscription ouverte par la Commission Générale.

PROGRAMME HORAIRE

LUNDI 29 JUILLET

8 heures. — Eglise Notre-Dame, rue Mégevand : *MESSE DU SAINT-ESPRIT.*
Allocution de S. E. le cardinal BINET, archevêque de Besançon.

9 h. 30. — Leçon d'ouverture : **La « rationalisation » est-elle un progrès ?** M. Eugène DUTHOIT,
Président de la Commission générale.

10 h. 45. — 2ᵉ Leçon : **Les fins de la production et du travail dans l'ordre chrétien.**
Le R. P. GILLET, O. P.
Maître en Théologie,
Provincial des Dominicains de France.

12 heures. — DÉJEUNER EN COMMUN.

15 heures. — 1ᵉʳ Exposé documentaire (Présidence : M. l'abbé THELLIER DE PONCHEVILLE) : *L'U. S. I. C. ; son programme ; ses méthodes ; son action professionnelle, morale et sociale.* M. A. LIOUVILLE,
Président de l'U. S. I. C.

16 h. 30. — 3ᵉ Leçon : **L'entreprise industrielle d'aujourd'hui : sa structure économique.**
M. René LEMAIRE,
Industriel.

18 heures. — Eglise métropolitaine Saint-Jean : *GRANDE CEREMONIE D'OUVERTURE.*
Discours de M. l'abbé THELLIER DE PONCHEVILLE : **L'Eglise et le progrès économique.**

MARDI 30 JUILLET

8 heures. — Eglise Notre-Dame : MESSE par S. Ex. Mgr MAGLIONE, Nonce apostolique.
Commémoration du centenaire de Léon HARMEL.

9 heures. — 4ᵉ Leçon : **L'entreprise industrielle d'aujourd'hui : ses liens avec la finance.**

M. Pierre BAYART,
*Professeur à la Faculté de Droit
de l'Université Catholique de Lille.*

10 h. 30. — 5ᵉ Leçon : **L'entreprise industrielle d'aujourd'hui : sa structure juridique.**

M. Emmanuel GOUNOT,
*Professeur à la Faculté de Droit
de l'Université Catholique de Lyon.*

12 heures. — DÉJEUNER EN COMMUN.

14 h. 15. — 2ᵉ Exposé documentaire (Présidence : M. Jean LEROLLE) : *La loi des Assurances Sociales : son application prochaine ; où en est la préparation ; étude du règlement d'administration publique ; l'option des divers assurés pour la Caisse de leur choix.*

M. Joseph DELACHENAL,
Ancien Député de la Savoie.

15 h. 30. — Même sujet (*suite*).

17 heures. — 6ᵉ Leçon : **L'organisation scientifique du travail et ses conséquences sociales.**

M. Paul DEVINAT,
du B. I. T.

20 h. 30. — *GRANDE ASSEMBLÉE au Kursaal.*
1° M. Charles FLORY, ancien président de l'A.C.J.F. : **Au delà du plus grand rendement : le perfectionnement humain.**
2° Le R. P. GUITTON, de l'*Action Populaire* : **Un exemple vivant : Léon Harmel.**

MERCREDI 31 JUILLET

8 heures. — Eglise Notre-Dame, MESSE par l'un de NN. SS. les Evêques.

9 heures. — 7° Leçon : **Nouvelles modalités du salaire.**
M. Georges MAIROT,
Président du Secrétariat Social de Besançon.

10 h. 30. — 8° Leçon : **Collaboration des travailleurs salariés à la vie organique des entreprises.**
M. Joseph DANEL,
*Professeur à la Faculté de Droit
de l'Université Catholique de Lille.*

12 heures. — DÉJEUNER EN COMMUN.

14 h. 15. — ASSEMBLÉE GÉNÉRALE DE L'UNION D'ÉTUDES DES CATHOLIQUES SOCIAUX.

14 h. 15. — 4° Exposé documentaire (Présidence : Mlle BUTILLARD) : *Les surintendantes d'usine.*
Commandant HUC,
Chef du Service Social du P. O.

15 h. 30. — 5° Exposé documentaire (Présidence : M. M. DESLANDRES) : *La loi Loucheur : son mécanisme, ses premières applications.*
M. Jean LEVÊQUE,
Directeur de la Cité-Jardins d'Orgemont.

17 heures. — 9° Leçon : **Vie familiale et religieuse des masses ouvrières autour des grandes entreprises.**
M. le Chanoine Paul SIX,
*Directeur des Œuvres Sociales
du Diocèse de Lille.*

Soirée libre.

JEUDI 1er AOUT

8 heures. — Eglise Notre-Dame, Messe par l'un de NN. SS. les Evêques.

9 heures. — **10e Leçon : La rationalisation peut-elle influencer les rapports du capital et du travail dans la profession ? A-t-elle commencé à les influencer ?**
M. Joseph Zamanski,
Président de la Confédération Française des Professions.

10 h. 30. — **11e Leçon : Collaboration des patrons organisés et des travailleurs organisés à la vie de la profession et à la solution des conflits collectifs.**
M. Jean Lerolle,
Député de la Seine,
Président du Secrétariat Social de Paris.

12 heures. — Banquet en l'honneur des auditeurs de la Semaine Sociale venus de pays étrangers.

17 heures. — **12e Leçon : Nos orientations présentes vers l'organisation professionnelle.**
Le R. P. Danset, S. J.,
de « L'Action Populaire ».

20 h. 30. — *VEILLEE RELIGIEUSE.*
« **Venez à moi, vous tous qui êtes chargés.** »
a) Pour les hommes : Eglise métropolitaine de Saint-Jean, le R. P. Coulet, *S. J.*
b) Pour les femmes : Eglise de la Madeleine, Mgr Feltin, évêque de Troyes.

VENDREDI 2 AOUT

8 heures. — Eglise Notre-Dame, MESSE DU SOUVENIR.

9 heures. — 13ᵉ Leçon : **Le problème des allocations familiales dans la vie économique de la France.**

M. Georges PERNOT,
Député du Doubs.
Vice-Président de la Chambre des Députés.

10 h. 30. — 14ᵉ Leçon : **L'organisation rationnelle de l'Etat moderne.**
M. Georges RENARD,
*Professeur à la Faculté de Droit
de l'Université de Nancy.*

14 h. 15. — RÉUNION DE LA COMMISSION GÉNÉRALE.

14 h. 15. — 5ᵉ Exposé documentaire (Présidence: M. Jules ZIRNHELD) : *Quelques applications caractéristiques de l'Actionnariat du Travail. L'initiative liégeoise de l' « Actionnariat Syndical ».*

M. Paul DESSART,
Avocat à la Cour d'Appel de Liége.

15 h. 30. — 6ᵉ Exposé documentaire (Présidence : M. A. SOURIAC) : *Les transports et l'organisation rationnelle d'une région économique. (Région parisienne.)*

M. DUVAL-ARNOULD,
Député de Paris.

17 heures. — 15ᵉ Leçon : **Les nouvelles conceptions de l'Etat.**
M. René PINON,
*Rédacteur politique
de la « Revue des Deux-Mondes ».*

20 h. 30. — *GRANDE ASSEMBLEE au Kursaal.*

1° M. Philippe de LAS CASES, avocat à la Cour d'Appel de Paris : **Travail accompli depuis la dernière Semaine Sociale.**

2° M. le chanoine DESGRANGES, député du Morbihan : **Les leçons du communisme.**

SAMEDI 3 AOUT

8 heures. — Eglise Notre-Dame, MESSE par l'un de NN. SS. les Evêques.

9 heures. — 16ᵉ Leçon : **L'Industrialisation des pays neufs.**

> Le R. P. ARNOU,
> *de l'« Action Populaire »*
> *et du « B. I. T. »*

10 h. 30. — 17ᵉ Leçon : **Les formes internationales de concentration industrielle.**

> M. Max TURMANN,
> *Professeur à l'Université de Fribourg.*

12 heures. — DÉJEUNER EN COMMUN.

15 h. 30. — 7ᵉ Exposé documentaire (Présidence: Mgr E. BEAUPIN) : *Les problèmes de rationalisation devant la Conférence internationale du Travail.*

> M. Gaston TESSIER,
> *Secrétaire général de la Confédération Française des Travailleurs Chrétiens.*

17 heures. — 18ᵉ Leçon : **Ententes internationales ouvrières.**

> M. Jules ZIRNHELD,
> *Président de la Confédération Française des Travailleurs Chrétiens.*

M. Eugène DUTHOIT : **Conclusions de la Semaine.**

18 h. 30. — *SALUT SOLENNEL D'ACTION DE GRACES,* dans l'Eglise métropolitaine.

DIMANCHE 4 AOUT

8 heures. — *PELERINAGE D'ACTIONS DE GRACE,* à la Basilique des saints Férréol et Ferjeux. Allocution de S. G. Mgr DUBOURG, évêque de Marseille.

VISITES ET EXCURSIONS
durant la semaine

I. Cathédrale Saint-Jean. — Sanctuaires et Tombeaux. Peintures de Fra Bartoloméo, Sébastien del Piombo, Vanloo. Le Trésor. L'Horloge Astronomique.

Monuments romains : Arc de Triomphe de la Porte-Noire. Théâtre. Baptistère. *Vieilles maisons* et Vieux Quartiers.

II. Bibliothèque. — Incunables, Reliures, Exposition d'Enluminures, Livres d'Heures célèbres, Dessins du xviii' siècle.

Palais Granvelle. — Musées Victor-Hugo et Willemot.

Palais de Justice. — Souvenirs historiques, Salles des Audiences solennelles de l'Ancien Parlement de Franche-Comté.

III. Musée d'Archéologie et Musée de Peinture. — Bronzes romains, la Question d'Alésia, Mosaïques.

Les Collections Pâris et Jean Gigoux, Titien, Bronzino, Boucher, Fragonard, Hubert Robert, Courbet.

Hôpital Saint-Jacques. — Portail, Chapelle, Pharmacie.

IV. La Citadelle. — Promenade des Chemins de Ronde, vues et sites remarquables. Souvenirs historiques : sièges, prisonniers et évasions.

V. Industries et Institutions. — En autocar : l'Observatoire et ses services de Chronométrie, la nouvelle École d'Horlogerie, les Bains salins, les Salins de Bregille, vue panoramique de Beauregard.

VI. Sites et horizons prochains. — En autocar : Vallée du Doubs, Arguel, la Chapelle des Buis, Montfaucon, Morre.

VII. Tourisme : *La Haute Vallée du Doubs.* — Le dimanche 4 août, départ à 8 h. 30. Consolation, Le Saut du Doubs ; déjeuner à Pont-de-la-Roche : plats locaux. Remonot, les Gorges de la Loue ; retour à 19 heures.

N. B. — En principe, la totalité de ces visites, sauf les excursions VI et VII, se fera chaque jour dès le mardi. Chacune de ces visites comportera un groupe de 20 à 25 personnes. On devra donc s'inscrire pour celle que l'on désirera suivre au Secrétariat au plus tard la veille du jour choisi.

Ces visites sont gratuites sauf celles qui se font en autocar.

Les autocars n'ayant qu'un nombre de places limité, les inscriptions ne seront reçues que dans la mesure des disponibilités.

Les inscriptions pour l'excursion du dimanche 4 août seront reçues dès le premier jour de la semaine.

SEMAINE SOCIALE DE BESANÇON

COMITÉ D'HONNEUR

S. E. le Cardinal BINET.. Archevêque de Besançon.
S. G. Mgr CHESNELONG.. Archevêque de Sens.
S. G. Mgr FOUCAULT ... Evêque de Saint-Dié.
S. G. Mgr BESSON ...... Evêque de Fribourg.
S. G. Mgr RUCH .... Evêque de Strasbourg.
S. G. Mgr REMOND ..... Aumônier général de l'Armée du Rhin.
S. G. Mgr PETIT DE JUILLEVILLE .... Evêque de Dijon.
S. G. Mgr FELTIN .... Evêque de Troyes.
S. G. Mgr MENNECHET... Evêque de Soissons.
S. G. Mgr DUBOURG .... Evêque de Marseille.
S. G. Mgr MANIER ...... Evêque de Belley.
S. G. Mgr GINISTY ...... Evêque de Verdun.
S. G. Mgr DE LA CELLE.. Evêque de Nancy.

COMITÉ DE PATRONAGE

Mgr BOUCHER, Protonotaire apostolique, Vicaire général, à Besançon.
Mgr TREPY, Protonotaire apostolique, Vicaire général, à Besançon.
Mgr LAURENT, Protonotaire apostolique, Vicaire général, à Besançon.
Mgr SAUNIER, Prélat de Sa Sainteté, Archiprêtre de Vesoul.

M. RENAUDOT, Sénateur de la Haute-Saône.
M. L. VIELLARD, Sénateur du Territoire de Belfort.
M. G. PERNOT, Député du Doubs, Vice-Président de la Chambre.
M. ABOUT, Député de la Haute-Saône.

R. P. ALFRED, de l'Ordre des Frères Mineurs. Baron D'ALIGNY, Conseiller général, à Montmirey-la-Ville.
M. le Général BAILLÉ, à Lons-le-Saunier ; M. Maurice BARBIER, Négociant à Besançon, de la Commission locale ; M. BARDEY, Président de la Coopérative Agricole de Baume-les-Dames ; M. P. BEAUQUIER, Avocat, à Besançon, de la Commission locale ; M. l'Abbé BEJOT, Sous-Directeur des Œuvres Diocésaines, à Besançon, de la Commission locale ;

R. P. BERNARD, de la Compagnie de Jésus, à Besançon ; M. le Chanoine BOUHELIER, Supérieur de la Maison de la Mission, à Ecole; M. H. BOURGEOIS, Conseiller général, à Damprichard; M. M. BOUVET, Ancien Député, Industriel à Salins ; M. le Général BRASIER DE THUY, Président de l'Association de Secours et Patronage, à Besançon ; M. Emile BRUCHON, Président de la Fédération départementale des Associations des Pères de Famille du Jura, à Lons-le-Saunier ; M. Henri BRUCHON, Avocat, Ancien Bâtonnier, à Lons-le-Saunier ; M. le Chanoine BRULEBOIS, Supérieur du Petit Séminaire de Notre-Dame de Vaux ; M. le Chanoine BRUNE, Directeur de la Maîtrise, à Besançon ; M. J. de BUYER, Président de l'Union Gymnastique et Sportive Comtoise, à Besançon.

M. Jean CANTENOT, Directeur général des Forges de Franche-Comté, à Besançon ; M. René CARON, Ancien Député, Président de l'Union des Catholiques du Diocèse de Besançon, Président de l'Union des Syndicats Agricoles du Doubs, Président de la Fédération des Caisses Rurales ; M. G. CARRELET, Ancien Président de l'A. C. J. F., Secrétaire de l'Association Amicale du Commerce et de l'Industrie, à Besançon, de la Commission locale ; M. André CART, Ancien Président de l'A. C. J. F., à Besançon, de la Commission locale ; M. CHAILLET, Conseiller d'arrondissement, à Scey-en-Varais ; M. l'Abbé CHEVASSUS, Directeur de la *Croix du Jura*, à Lons-le-Saunier ; M. le Chanoine CHEYLUS, Archiprêtre de Dôle ; M. CLOUET, Notaire, à Besançon ; M. COCAR, Administrateur de l'*Eclair-Comtois*, à Besançon, de la Commission locale ; Mme COCAR, Secrétaire départementale de la Ligue Patriotique des Françaises du Doubs, Vice-Présidente de l'Association de la Protection de l'Enseignement ménager, de la Commission locale ; M. G. COLLE, Rédacteur en chef du *Nouvelliste*, à Vesoul ; M. COLOMES, Rédacteur en chef de la *Dépêche Républicaine*, à Besançon ; M. Adrien CRABBE, Ingénieur, Délégué du District des Scouts de France, à Belfort.

M. Van DAELE, doyen de la Faculté des Lettres de l'Université de Besançon ; R. P. DAGNAUD, Directeur de la Conférence Saint-Thomas-d'Aquin, à Besançon ; M. P. DEMONTROND, Président du Syndicat des Maîtres Imprimeurs, à Besançon, de la Commission locale ; MM. DESGRANGES, Industriels, à Raddon ; M. L. DHOUTAUT, Notaire honoraire, à Besançon; M. J.-A. DROMARD, Industriel, à Besançon ; M. M. DRUHEN, Industriel, Président de l'Association Amicale du Commerce et de l'Industrie, à Besançon, de la Commission locale.

M. J. ENGINGER, Négociant, à Besançon, de la Commission locale.

M. J. FAIVRE D'ARCIER, Avocat à la Cour d'Appel, à Besançon ; M. le Chanoine FAVRET, Archiprêtre de Gray ; M. FELTIN, Président de la Conférence de Saint-Vincent-de-Paul, à Belfort ; M. l'Abbé FLORY, Aumônier du Lycée Victor-Hugo, à Besançon, de la Commission locale ; M. FOREL, Industriel, à Breuchotte ; M. le Comte de FROISSARD, Président de l'Union des Catholiques du Diocèse de Saint-Claude, à Dôle.

M. le Chanoine GAILLARD, Directeur des Œuvres Diocésaines, à Besançon ; M. le Chanoine GALLAND, Archiprêtre de Montbéliard ; M. le Chanoine GIRARDIN, Archiprêtre de la Cathédrale, à Besançon ; M. J. GRAVE, Rédacteur en chef de l'*Eclair-Comtois*, à Besançon ; Mme Auguste GROSBORNE, à Belfort.

M. J. HAINIGUE, Vice-Président de l'Union Régionale de la C. F. T. C., à Grandvillars ; M. E. HARTWEG, du Secrétariat Social de Belfort ; M. le Docteur HEITZ, Président de la Ligue de Préservation de l'Enfant et de la Famille, à Besançon ;

M. HELIE, Avoué, Président du Secrétariat Social de Lure ; M. HENRIET, Conseiller général, à Orchamps-Vennes.

M. J. JACQUES, Président de l'Union des Catholiques de la Ville de Besançon, Juge au Tribunal de Commerce de Besançon, de la Commission locale ; M. le Chanoine JANTET, Recteur de la Basilique des saints Ferréol et Ferjeux ; Sœur Jean-François, Directrice de la Protection de la Jeune Fille, à Besançon ; Mme la Marquise DE JOUFFROY, Présidente de la L. P. D. F. du Doubs, à Abbans-Dessus.

M. LAMBERT, Avocat honoraire à la Cour d'Appel, Doyen honoraire de la Faculté libre de droit, à Besançon ; M. LAMY, Conseiller général, à Saint-Hippolyte ; M. LARDIER, Conseiller général, à Giromagny ; M. Th. LAUBSER, à Besançon ; M. le Docteur LETOUBLON, Président de l'Union des Catholiques, à Pontarlier ; M. G. LOMBART, avoué honoraire, à Besançon ; M. le Chanoine LOMBARDOT, Supérieur de l'École Montalembert, à Maîche.

M. l'abbé MACKER, Directeur de l'Institution Saint-Jean, à Besançon ; M. MAIRE, ancien Député, à Labergement-Sainte-Marie ; M. G. MAIROT, Banquier, Président du Secrétariat Social de Franche-Comté, à Besançon, de la Commission locale ; Mme G. MAIROT, Présidente de l'Artisanat féminin de Franche-Comté, de la Commission locale ; Mme A. MALLIE, Présidente des Dames de Charité, à Besançon ; M. MARCHANDIER, avoué, à Vesoul ; Mlle A. MASSE, Présidente du Syndicat des Dames Employées, à Besançon ; M. le Comte DE MENTHON, ancien Député, Président de l'Union des Syndicats Agricoles de la Haute-Saône ; Mme la Comtesse DE MENTHON, Présidente de la Ligue Patriotique de la Haute-Saône ; M. MENUEY, Directeur de l'École de Menans, à Gy ; M. l'Abbé MEROUX, Directeur de l'Enseignement libre, à Lons-le-Saunier ; M. l'Abbé MEYER, Curé de Sainte-Odile, Président de la Société Belfortaine d'Emulation, Aumônier de l'A. C. J. F. du Territoire de Belfort ; M. MICHALET, Président de la J. C. du Jura ; M. H. MICHAUD, Avoué à la Cour d'Appel, à Besançon ; M. A. MICHEL, Conseiller général, à Maisons-du-Bois ; M. M. MILLARD, Banquier, Président de l'Association des Chefs de famille du Doubs, à Besançon ; M. J. MILLARD, de la Commission locale ; M. Ph. MODELON, Président de l'Union des Syndicats de la C. F. T. C., à Besançon ; M. le Chanoine MOINE, Archiprêtre de Pontarlier ; M. le Chanoine MONNIER, Directeur de la *Semaine Religieuse*, à Besançon ; M. le Chanoine MONNIOT, à Besançon ; M. le Chanoine MOUROT, Secrétaire général des Maisons d'Enfants des Salins de Bregille, à Besançon ; Mme la Marquise DE MOUSTIER, Membre du Conseil National des Femmes, Présidente régionale de l'Union Nationale pour le vote des femmes ; M. MULLER, Avocat à la Cour d'Appel, à Besançon.

Mme la Comtesse D'OILLIAMSON, Présidente de la Société de Secours aux Blessés Militaires, au château de Cléron ; M. le Chanoine D'ORIVAL, Archiprêtre de Baume-les-Dames.

M. le Chanoine PANIER, Doyen du Chapitre Métropolitain, à Besançon ; M. le Commandant PASTEUR, Président d'honneur de la J. C. du Jura ; M. Ch. PAULIN, à Besançon, de la Commission locale ; M. le Chanoine PAYEN, Curé de Saint-Maurice, Aumônier militaire ; M. le Chanoine PERNOT, Supérieur du Grand Séminaire, à Lons-le-Saunier ; M. le Chanoine PERROT, Archiprêtre de Belfort ; M. J. PFANZELTER, Président de l'Union des Travailleurs, à Besançon, de la Commission locale ; M. le Général PHILIPPE, à Besançon ; M. le Colonel DE PIREY, Président de la Société de Secours aux Blessés Militaires, à Pirey ; M. l'Intendant Général POMEROL, Président du Conseil

Central de la Société Saint-Vincent-de-Paul, à Besançon ; M. A. POURCHET, Directeur honoraire des Contributions Directes, à Besançon, de la Commission locale ; M. P. POURCHET, Avocat à la Cour d'Appel, à Besançon ; M. le Chanoine POUILLARD, Directeur des Œuvres Diocésaines de Saint-Claude; M. PY, chef de gare, à Vesoul.

M. l'Abbé REMILLET, Curé doyen de Sainte-Madeleine ; Mlle Marguerite REMOND, Présidente de l'Association des Etudiantes Catholiques de Besançon, de la Commission locale ; M. Marcel RENAHY, Président du Secrétariat Social de Vesoul; M. le Médecin général RICHARD, à Besançon ; M. le Chanoine ROGNON, Directeur du Petit Séminaire de Consolation ; M. le Chanoine ROY, Supérieur de l'Ecole Saint-Colomban, à Luxeuil.

M. G. SCHNEIDER, Président du Secrétariat Social de Belfort ; Mme SEBILLE, Présidente de l'Association de Charité maternelle, à Besançon; M. le Chanoine SIMONIN, à Besançon, de la Commission locale ; M. Ch.-J. SIMONIN, Conseiller général, de Russey (Doubs) ; M. SIRURGE, Rédacteur en Chef de *La Croix* de Belfort.

M. TARBY, président de l'Association des Anciens Elèves des Frères, à Besançon ; M. L. THALER, Président de l'A. C. J. F. de Franche-Comté, de la Commission locale ; Mme TOITOT-BRENET, Docteur en médecine ; M. Henri TOUVET, Négociant, à Belfort ; M. le Chanoine TUAILLON, Supérieur du Grand-Séminaire, à Besançon.

M. Charles VIELLARD, Président de l'Union des Ingénieurs Catholiques, section de Belfort ; Mme Louis VIELLARD, Présidente de la Ligue des Femmes Françaises du Territoire de Belfort ; M. Ch. VINEZ, Conseiller Prud'homme, à Belfort ; M. le Chanoine VOURRON, Supérieur du Séminaire de Faverney.

M. René ZELLER, Industriel, Président de la Chambre de Commerce de Belfort.

COMMISSION LOCALE

Président : M. Georges MAIROT, Président du Secrétariat Social de Franche-Comté.

M. Maurice BARBIER, Négociant, à Besançon ; M. P. BEAUQUIER, Avocat, à Besançon ; M. l'Abbé BEJOT, Sous-Directeur des Œuvres Diocésaines, à Besançon ; M. G. CARRELET, Ancien Président de l'A. C. J. F., Secrétaire de l'Association Amicale du Commerce et de l'Industrie, à Besançon ; M. André CART, Ancien Président de l'A. C. J. F., à Besançon ; M. COCAR, Administrateur de l'*Eclair-Comtois*, à Besançon ; Mme COCAR, Secrétaire départementale de la Ligue Patriotique des Françaises du Doubs, Vice-Présidente de l'Association de la Protection de l'Enseignement ménager, à Besançon ; M. P. DEMONTROND, Président du Syndicat des Maîtres Imprimeurs, à Besançon ; M. M. DRUHEN, Industriel, Président de l'Association Amicale du Commerce et de l'Industrie, à Besançon ; M. J. ENGINGER, Négociant, à Besançon ; M. l'Abbé FLORY, Aumônier du Lycée Victor-Hugo, à Besançon ; M. J. JACQUES, Pré-

sident de l'Union des Catholiques de la Ville de Besançon ;
Mᵐᵉ G. MAIROT, Présidente de l'Artisanat féminin de Franche-
Comté, à Besançon ; M. J. MILLARD, Secrétaire général, à
Besançon ; M. Ch. PAULIN, à Besançon ; M. J. PFANZELLER,
Président de l'Union des Travailleurs, à Besançon ; M. A.
POURCHET, Directeur honoraire des Contributions Directes,
à Besançon ; Mⁱⁱᵉ Marguerite REMOND, Présidente de l'Associa-
tion des Etudiantes Catholiques de Besançon ; M. le Chanoine
SIMONIN, à Besançon ; M. L. THALER, Président de l'A. C.
J. F. de Franche-Comté, à Besançon.

PRINCIPAUX HOTELS DE BESANÇON

Les prix des repas doivent être comptés vin non compris

Désignation de l'Hôtel	Chambres Prix	Repas
Le Grand Hôtel et des Bains, 4, avenue Carnot. Téléph. 0-71.....	25 à 30	25 »
Hôtel de l'Europe et de la Poste, 15. r. de la République. Téléph. 1-66.	15 à 35	15 »
Hôtel de Paris, 33, rue des Granges. Téléph. 1-15...................	16 à 25	16 »
Hôtel Gambetta, 13, rue Gambetta. Téléph. 10-99...................	18 à 30	
Hôtel du Nord, 8, rue Moncey. Té-léph. 0-45.....................	15 à 30	15 »
Hôtel Franc-Comtois du Tourisme, en face la Grande Poste. Té-léph. 15-45	12 à 35	
Hôtel d'Alsace, en face la Gare Viotte. Téléph. 2-33...........	11	9 »
Hôtel de la Couronne, 4, rue Gus-tave-Courbet. Téléph. 1-36......	12 à 18	15 »
Nouvel Hôtel, en face la Gare Viotte. Téléph. 5-96...........	15 »	10 »
Terminus Hôtel, en face la Gare Viotte. Téléph. 5-39...........	15 »	
Terrass' Hôtel, 38, avenue Carnot. Téléph. 10-45.................	12 à 14	12 »
Hôtel des Voyageurs, en face la Gare Viotte. Téléph. 4-58........	10 à 14	10 »

LE CORRESPONDANT

Directeur : Edouard TROGAN
Rédacteur en chef : Cte DE LUPPÉ

Le Correspondant vient d'inaugurer la **cent et unième** année de sa carrière, au milieu des manifestations d'une sympathie qui est sa récompense et sa force.

Quatre Cardinaux, huit Archevêques et soixante Evêques français lui ont témoigné leur estime en lui envoyant leurs souhaits.

La grande Presse de France, de Belgique, d'Italie, de Suisse, d'Allemagne, etc... a rendu justice à la valeur, à l'étendue et à l'indépendance de sa rédaction.

Les innombrables lettres reçues par son Directeur constituent un véritable Livre d'or où voisinent avec les noms de deux Nonces Apostoliques, ceux des plus illustres et des plus ardents catholiques du monde entier.

Ces témoignages de la considération que s'est acquise la Revue centenaire par sa fidélité aux grandes causes qu'elle a l'honneur de servir, ont ainsi marqué, par leur unanimité, l'importance de son action.

SPÉCIMEN GRATUIT SUR DEMANDE

	FRANCE	ÉTRANGER	
		Pays à demi-tarif	Pays à plein-tarif
Un an	90 fr.	110 fr.	130 fr.
Six mois	46 fr.	56 fr.	66 fr.
Un numéro ..	5 fr.	6 fr.	6 fr.

Chèques Postaux : PARIS 250-82

BUREAUX DE LA REVUE :
31, Rue Saint-Guillaume. PARIS (VIIe)

Imp. EXPRESS, Lyon. — 12.754